团 体 标 准

公路工程大粒径水泥稳定碎石应用技术规范

Technical Specifications for Application of Cement Treated Large Crushed Stone in Highway

T/TMAC 109—2024

主编单位：中建路桥集团有限公司
　　　　　长安大学
发布单位：中国技术市场协会
实施日期：2024 年 10 月 20 日

人民交通出版社
北　京

图书在版编目(CIP)数据

公路工程大粒径水泥稳定碎石应用技术规范／中建路桥集团有限公司，长安大学主编. — 北京：人民交通出版社股份有限公司，2024.11. — ISBN 978-7-114-19886-1

Ⅰ．U416.214-65

中国国家版本馆 CIP 数据核字第 20249XK938 号

标准类型：团体标准
标准名称：公路工程大粒径水泥稳定碎石应用技术规范
标准编号：T/TMAC 109—2024
主编单位：中建路桥集团有限公司
　　　　　长安大学
责任编辑：齐黄柏盈
责任校对：赵媛媛　刘　璇
责任印制：刘高彤
出版发行：人民交通出版社
地　　址：(100011) 北京市朝阳区安定门外外馆斜街 3 号
网　　址：http://www.ccpcl.com.cn
销售电话：(010) 85285857
总 经 销：人民交通出版社发行部
经　　销：各地新华书店
印　　刷：北京交通印务有限公司
开　　本：880×1230　1/16
印　　张：2
字　　数：41 千
版　　次：2024 年 11 月　第 1 版
印　　次：2024 年 11 月　第 1 次印刷
书　　号：ISBN 978-7-114-19886-1
定　　价：32.00 元

(有印刷、装订质量问题的图书，由本社负责调换)

本规范用词用语说明

1 本规范执行严格程度的用词,采用下列写法:
1)表示很严格,非这样做不可的用词,正面词采用"必须",反面词采用"严禁"。
2)表示严格,在正常情况下均应这样做的用词,正面词采用"应",反面词采用"不应"或"不得"。
3)表示允许稍有选择,在条件许可时首先应这样做的用词,正面词采用"宜",反面词采用"不宜"。
4)表示有选择,在一定条件下可以这样做的用词,采用"可"。

2 引用标准的用语采用下列写法:
1)在标准总则中表述与相关标准的关系时,采用"除应符合本规范的规定外,尚应符合国家和行业现行有关标准的规定"。
2)在标准条文及其他规定中,当引用的标准为国家标准、行业标准、地方标准或企业内部标准时,表述为"应符合《××××××》(×××)的有关规定"。
3)当引用本规范中的其他规定时,表述为"应符合本规范第×章的有关规定""应符合本规范第×.×节的有关规定""应符合本规范第×.×.×条的有关规定"或"应按本规范第×.×.×条的有关规定执行"。

中国技术市场协会文件

2024 年第 13 号（总第 64 号）

关于发布《桥梁用低回缩预应力锚索》等五项团体标准的公告

根据《中国技术市场协会团体标准管理办法》《中国技术市场协会团体标准工作程序》相关规定，《桥梁用低回缩预应力锚索》《公路工程大粒径水泥稳定碎石应用技术规范》《公路工程再生混凝土集料水泥稳定基层应用技术规范》《公路路面技术状态智能巡检 日常养护信息化系统建设要求》《医疗器械企业信用资质评价》五项团体标准已编制完成并通过审查。标准编号及名称如下：

编号	名称	主要完成单位
T/TMAC 108—2024	桥梁用低回缩预应力锚索	中国铁路设计集团有限公司、柳州市桥厦科技发展有限公司、中交第二公路勘察设计研究院有限公司
T/TMAC 109—2024	公路工程大粒径水泥稳定碎石应用技术规范	中建路桥集团有限公司、长安大学、河南交投大别山明鸡高速公路有限公司
T/TMAC 110—2024	公路工程再生混凝土集料水泥稳定基层应用技术规范	鸿翔环境科技股份有限公司、长安大学、嘉兴市交通工程质量安全管理服务中心
T/TMAC 111—2024	公路路面技术状态智能巡检日常养护信息化系统建设要求	中咨数据有限公司、湖南省交通规划勘察设计院有限公司、陕西建科建设监理有限责任公司
T/TMAC 112.F—2024	医疗器械企业信用资质评价	深圳迈瑞生物医疗电子股份有限公司、显微智能科技(湖南)有限公司、迪瑞医疗科技股份有限公司

上述标准于 2024 年 10 月 20 日发布并实施。

现予公告。

中国技术市场协会
2024 年 10 月 20 日

前　言

本规范按照《公路工程行业标准编写导则》（JTG 1003—2023）的规定起草。

大粒径水泥稳定碎石具有强度高、抗裂性能好且单层可压实厚度大等技术优势，同时一定程度上可加快工程进度、降低碎石开采成本及对环境的污染，推动路面工程向绿色、长寿命、高质量方向发展。

本规范分为 6 章、3 个附录，主要包括：1 总则，2 术语和定义，3 材料，4 混合料设计，5 施工，6 质量控制，附录 A 垂直振动试验方法，附录 B 水泥剂量测定方法（EDTA 滴定法），附录 C 施工容许延迟时间确定方法。

本规范由中国技术市场协会交通运输专业委员会提出。受中国技术市场协会委托，由中建路桥集团有限公司、长安大学负责具体解释工作。请有关单位将实施中发现的问题与建议反馈至长安大学（地址：陕西省西安市南二环路中段；联系电话：13636709568、029-62630078；电子邮箱：jyj@chd.edu.cn），供修订时参考。

主编单位：中建路桥集团有限公司
　　　　　　长安大学

参编单位：河南交投大别山明鸡高速公路有限公司
　　　　　　河南省交通建设技术中心
　　　　　　驻马店市公路工程开发有限公司
　　　　　　驻马店市公路事业发展中心
　　　　　　河南省公路工程局集团有限公司
　　　　　　西安路德交通科技有限公司

主要起草人：王冠凯　蒋应军　李明杰　翟光明　穆朝华　伍全义
　　　　　　　朱晶波　杨　明　马　林　段永建　胡超峰　郝一川
　　　　　　　鲁华锋　张　宇　贾敏红　王　召　王　悦　甘春霖
　　　　　　　陈前进　刁　龙　安庆河　聂春波　刘彦瑞　孙奇峰
　　　　　　　王　达　樊　乐　孟德友　刘人仁　连志杰　潘　贺
　　　　　　　李明生　王　赛

审查专家：刘家镇　王　太　陈宗伟　薛忠军　柳　浩　陈彦君
　　　　　　房建宏　冯德成　曾　赟

目　次

1 总则 … 1
2 术语和定义 … 2
3 材料 … 3
　3.1 水泥 … 3
　3.2 集料 … 3
　3.3 水和其他 … 4
4 混合料设计 … 5
　4.1 技术要求 … 5
　4.2 目标配合比 … 5
　4.3 生产配合比 … 6
　4.4 施工配合比 … 7
5 施工 … 8
　5.1 一般规定 … 8
　5.2 试验段铺筑 … 8
　5.3 拌和 … 8
　5.4 运输 … 9
　5.5 摊铺 … 10
　5.6 碾压 … 11
　5.7 接缝处理 … 12
　5.8 养生与交通管制 … 12
6 质量控制 … 13
　6.1 一般规定 … 13
　6.2 施工前检查 … 13
　6.3 施工过程检查 … 13
　6.4 质量检查 … 15
附录A 垂直振动试验方法 … 16
附录B 水泥剂量测定方法（EDTA滴定法） … 21
附录C 施工容许延迟时间确定方法 … 22
本规范用词用语说明 … 23

1 总则

1.0.1 为指导公路工程大粒径水泥稳定碎石应用，保证施工质量，制定本规范。

1.0.2 本规范适用于各等级公路新建、改建和养护工程，其他道路工程可参照执行。

1.0.3 大粒径水泥稳定碎石应用除应符合本规范的规定外，尚应符合国家和行业现行有关标准的规定。

2 术语和定义

2.0.1 大粒径水泥稳定碎石　cement treated large crushed stone

公称最大粒径为 37.5mm 或 53mm 的水泥稳定碎石。

2.0.2 垂直振动试验方法　vertical vibrocompression testing method（VVTM）

采用垂直振动击实仪确定水泥稳定碎石最大干密度、最佳含水率和成型性能测试用试件的试验方法。

2.0.3 施工作业时间　construction time

水泥稳定碎石开始拌和至碾压结束的时间间隔。

3 材料

3.1 水泥

3.1.1 水泥强度等级宜为42.5级，初凝时间应大于4h，终凝时间应大于6h且小于10h，其他指标应符合现行《通用硅酸盐水泥》（GB 175）的有关规定。

3.1.2 采用散装水泥时，水泥出炉后应存放7d以上，且安定性检测合格后方可使用。

3.1.3 运至工地的散装水泥入罐温度应低于50℃，高于此温度时，应采取降温措施。

3.2 集料

3.2.1 集料规格宜符合表3.2.1的规定。

表3.2.1 集料规格

规格名称	粒径范围(mm)	通过下列筛孔尺寸（mm）的质量百分率（%）									
		63	53	37.5	31.5	19	13.2	9.5	4.75	2.36	0.6	0.075
G0	40~50	100	90~100	0~15	—	—	—	—	—	—	—	—
G1	20~40	—	100	90~100	—	0~10	—	—	—	—	—	—
G8	10~20	—	—	—	100	90~100	—	0~10	0~5	—	—	—
G11	5~10	—	—	—	—	—	100	90~100	0~10	0~5	—	—
XG3	0~5	—	—	—	—	—	—	100	90~100	—	—	0~20

3.2.2 粗集料技术要求应符合表3.2.2的规定。生产过程中二次破碎不得采用颚式破碎机。

表3.2.2 粗集料技术要求

指标	高速公路、一级公路		二级公路		试验方法
	基层	底基层	基层	底基层	
压碎值（%）	≤22	≤30	≤35	≤40	现行《公路工程集料试验规程》（JTG 3432）T 0316
针片状颗粒含量（%）	≤18	—	—	—	现行《公路工程集料试验规程》（JTG 3432）T 0312

续表 3.2.2

指标	高速公路、一级公路		二级公路		试验方法
	基层	底基层	基层	底基层	
粒径 0.075mm 以下粉尘含量（%）	≤1.2	—	—	—	现行《公路工程集料试验规程》（JTG 3432）T 0310
软石含量（%）	≤3	—	—	—	现行《公路工程集料试验规程》（JTG 3432）T 0320

3.2.3 细集料技术要求应符合表 3.2.3 的规定，且应洁净、干燥、无风化、无杂质。

表 3.2.3 细集料技术要求

项目	技术要求	试验方法
塑性指数	≤17	现行《公路土工试验规程》（JTG 3430）T 0118
有机质含量（%）	<2	现行《公路工程集料试验规程》（JTG 3432）T 0336
颗粒分析	满足级配要求	现行《公路工程集料试验规程》（JTG 3432）T 0302/T 0303/T 0327
硫酸盐含量（%）	≤0.25	现行《公路工程集料试验规程》（JTG 3432）T 0341

3.3 水和其他

3.3.1 拌和用水应符合现行《公路路面基层施工技术细则》（JTG/T F20）的有关规定。

3.3.2 粉煤灰和其他外加剂等应符合现行《公路路面基层施工技术细则》（JTG/T F20）的有关规定。

4 混合料设计

4.1 技术要求

4.1.1 混合料级配范围应符合表4.1.1的规定。

表 4.1.1 混合料级配范围

级配类型	通过下列筛孔尺寸（mm）的质量百分率（%）								
	53	37.5	31.5	19	9.5	4.75	2.36	0.6	0.075
CTB-30	100	100	88~100	58~70	38~46	28~36	20~28	8~16	3~6
CTB-50	95~100	65~75	—	55~65	37~47	26~34	18~26	6~14	2~6

4.1.2 压实度、7d无侧限抗压强度及水泥剂量应符合表4.1.2的规定。

表 4.1.2 压实度、7d 无侧限抗压强度及水泥剂量要求

层位	压实度（%）	7d无侧限抗压强度代表值（MPa）	水泥剂量（%）	
			最小值	最大值
基层	≥98	≥7.0	3.0	4.5
底基层	≥97	≥6.5	2.5	4.0

4.2 目标配合比

4.2.1 应从进场材料中选取代表性样品进行检验，其质量应满足本规范第3章相关技术要求。

4.2.2 应根据集料筛分结果和表4.1.1中的混合料级配要求，确定各规格集料比例。

4.2.3 不同水泥剂量混合料最大干密度和最佳含水率应按本规范附录A确定。基层水泥剂量宜采用2.5%、3.0%、3.5%、4.0%、4.5%，底基层水泥剂量宜采用2.0%、2.5%、3.0%、3.5%、4.0%。

4.2.4 不同水泥剂量混合料试件应按本规范附录 A 成型，试件 7d 无侧限抗压强度测试应符合现行《公路工程无机结合料稳定材料试验规程》（JTG 3441）的有关规定。平行试验的试件数量为 13 个，试验结果的变异系数应小于 15%，否则应重做试验或增加试件数量。

4.2.5 强度试验结果应按 3 倍标准差的方法剔除异常数值，且同一组试验样本异常值剔除应不多于 2 个。7d 无侧限抗压强度代表值应按式（4.2.5）计算。

$$R_d = \bar{R} \cdot (1 - Z_\alpha C_v) \tag{4.2.5}$$

式中：R_d——无侧限抗压强度代表值（MPa）；

$\bar{R}$——一组试验的无侧限抗压强度平均值（MPa）；

Z_α——标准正态分布表中随保证率或置信度 α 而变的系数，高速公路、一级公路应取 95% 保证率，即 $Z_\alpha = 1.645$；二级公路应取 90% 保证率，即 $Z_\alpha = 1.282$；

C_v——一组试验的无侧限抗压强度变异系数（%）。

4.2.6 应绘制 7d 无侧限抗压强度代表值-水泥剂量关系曲线，根据表 4.1.2 中的强度要求值确定水泥剂量设计值。

4.2.7 配合比设计报告应包括材料检测结果、级配范围和矿料比例、水泥剂量设计值、最佳含水率、最佳干密度、7d 无侧限抗压强度、试验方法等内容。

4.3 生产配合比

4.3.1 应根据目标配合比确定的各档材料比例，对拌和设备进行调试和标定，确定合理的生产参数。

4.3.2 EDTA 标准曲线应按本规范附录 B 确定。

条文说明

为提高大粒径水泥稳定碎石水泥剂量测试结果准确性，本规范附录 B 采用 9.5mm 筛下部分确定 EDTA 标准曲线。

4.3.3 不同气温的施工容许延迟时间应按本规范附录 C 确定。

条文说明

环境温度升高 1℃，初凝时间减少 10～15min，如图 4-1 所示。工程实践证明，水泥初凝时间内成型试件的强度可满足本规范表 4.1.2 的要求，而超过初凝时间成型的试件强度不能满足本规范表 4.1.2 的要求。温度和延迟时间对水泥稳定碎石力学强度的影响规律如图4-2所示。因此，本规范采用不同施工温度对应的水泥初凝时间作为施工容许延迟时间。

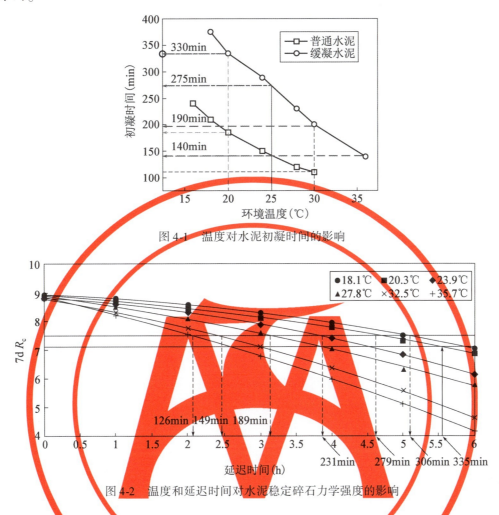

图4-1 温度对水泥初凝时间的影响

图4-2 温度和延迟时间对水泥稳定碎石力学强度的影响

4.3.4 应根据确定的生产参数进行试拌，并验证水泥剂量、混合料级配、最佳含水率和最大干密度。

4.4 施工配合比

4.4.1 应按生产配合比进行拌和检验和试验段验证，并根据摊铺、碾压以及现场芯样情况，确定工地实际采用的施工配合比。

4.4.2 工地实际采用水泥剂量可根据拌和设备水泥剂量控制精度、施工中材料变化和施工变异性等因素做适当调整，但不应超过0.5%。

4.4.3 应根据气候和温度变化情况，及时检测混合料拌和含水率，拌和含水率宜在最佳含水率的基础上增加0.5~1.0个百分点。

5 施工

5.1 一般规定

5.1.1 施工前，应检查下承层，检查合格后方可施工。

5.1.2 施工中，各工序应紧密衔接，施工作业时间应短于施工容许延迟时间。

5.2 试验段铺筑

5.2.1 正式开工之前，应铺筑200～300m的试验段。

5.2.2 应通过试验段铺筑与检测，确定合理的施工组织、机械设备组合、拌和工作参数、摊铺与压实工艺、松铺系数等，并编制试验段总结报告。

5.3 拌和

5.3.1 混合料拌和设备应满足下列要求：
1 额定产量不小于500t/h，拌缸有效搅拌长度不小于2.5m。
2 进料仓不少于5个，料仓间宜加设隔板，其高度不小于1m。
3 配置至少2个水泥罐，单罐容量不小于80t，并配有水泥破拱器。
4 成品仓应架设防离析装置，如图5.3.1所示。

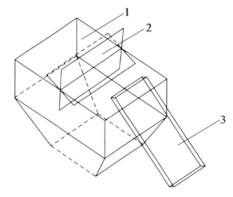

图 5.3.1 成品仓防离析装置示意图
1-成品仓；2-防离析扇叶；3-皮带

条文说明

在成品仓出料过程中，由于粗细混合料与皮带的黏附性不同，容易导致粗料被抛向远离皮带的一端，而细料则相对较多地留在了靠近皮带的一端。架设防离析装置（图5-1），将拦截下来的粗料引导至靠近皮带的一端，可防止在出料过程中产生的离析。

图5-1 成品仓防离析装置实物图

5.3.2 拌和前应调试和标定所用设备。

5.3.3 拌和前应检查集料的含水率，计算当日施工配合比，并应根据温度变化及时调整含水率。

5.3.4 拌和实际产量应不超过额定产量的85%。

5.4 运输

5.4.1 运输能力应满足拌和出料与摊铺需要。

5.4.2 运输车辆沿车厢长度方向每隔三分之一挂链条，以避免装料与卸料时离析，如图5.4.2所示。

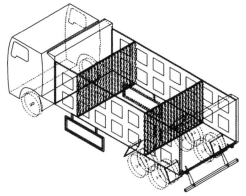

图5.4.2 运输车防离析措施示意图

条文说明

如图 5-2 所示，链条的存在能够阻碍粗混合料在装载和卸料时沿车厢快速滚动，减少混合料粗细料离析的现象。链条的数量和长度需要根据车厢尺寸和混合料特性进行适当调整，以达到最佳效果。

图 5-2 运输车防离析措施实物图

5.4.3 运料车应按前、后、中方式装料。

5.4.4 运输过程中混合料应覆盖，摊铺卸料前不应打开覆盖物。

5.5 摊铺

5.5.1 混合料碾压成型厚度宜为 20～28cm，松铺系数宜为 1.2～1.3。

5.5.2 单机摊铺宽度不应大于 6m。采用 2 台或多台摊铺机并机摊铺时，摊铺机型号、磨损程度宜相同，且应具有良好的抗离析能力。摊铺机分料箱前端宜采取增设橡胶挡板、钢板或铁链等防离析措施，且其底部离地高度宜小于 5cm。

5.5.3 宜采用北斗定位技术和数字化、智能化装备控制高程。当采用传统工艺时，底基层施工应采用挂钢丝绳方式控制高程，基层施工宜采用非接触式平衡梁控制高程。边缘宜采用立模支撑。

5.5.4 摊铺前，下承层应洒水湿润。若为无机结合料稳定类时，其表面还应洒水泥净浆，水泥用量宜为 1.0～1.2kg/m^2。

5.5.5 摊铺时，路幅外侧的摊铺机在前、内侧的摊铺机在后，2 台摊铺机前后距离宜小于 10m，搭接宽度宜为 10～20cm。

5.5.6 摊铺应匀速、连续，不得随意变换速度或中途停顿，摊铺速度宜不超过 3.0m/min。摊铺过程中前方应有 2～3 辆运料车等候。

5.5.7 摊铺过程中，应开启夯锤振动功能，振动频率和振幅宜大于额定值的 75%，初始压实度不小于 80%。

5.5.8 螺旋分料器应匀速、不间歇地旋转送料，转速应与摊铺速度相适应，且分料器应全部埋入混合料中。

5.5.9 摊铺后、碾压前，应设专人检查离析情况，对于局部粗集料集中部位，应及时撒铺粒径 4.75mm 以下的湿混合料。

5.6 碾压

5.6.1 碾压设备配置应符合表 5.6.1 的规定。

表 5.6.1 碾压设备配置

压路机类型	下列车道数对应最少碾压设备配置（台）	
	单或双车道	三车道及以上
12t 以上双钢轮压路机	1	1
30t 以上胶轮压路机	1	2
22t 以上单钢轮振动压路机	2	3

5.6.2 直线路段压路机应从外侧向路中心碾压，超高路段应由低侧向高侧、自内向外碾压。

5.6.3 初压时，宜采用胶轮压路机在前、双钢轮压路机在后紧跟摊铺机后碾压，碾压应不少于 2 遍，碾压速度宜为 3～5km/h。

5.6.4 复压时，宜采用单钢轮振动压路机先强振不少于 4 遍，再弱振不少于 2 遍，碾压速度宜为 3～5km/h，轮迹重叠 1/2 轮宽。

5.6.5 终压时，宜采用胶轮压路机碾压消除微裂纹、双钢轮压路机碾压消除轮迹，并以消除微裂纹或轮迹为停压标准，碾压速度宜为 3～5km/h。

5.6.6 碾压作业应在水泥初凝前完成，并达到规定压实度，基层表面无明显轮迹和微裂纹。

5.7 接缝处理

5.7.1 摊铺时应连续不中断作业。若遇下列情况，应设置横向施工缝：
1 因故中断时间超过 2h。
2 每天收工之后，第二天开工的接头断面。

5.7.2 横缝应与路中心线垂直设置。

5.8 养生与交通管制

5.8.1 每一作业段碾压完成且检测合格后，表面应及时覆盖保湿养生。

5.8.2 气温高于 20℃时，覆盖保湿养生应不少于 7d；气温低于 10℃时，覆盖保湿养生应不少于 14d。若不能及时施工下一结构层，保湿养生时间应延长至 21d 以上。

5.8.3 养生期间，应封闭交通。

6 质量控制

6.1 一般规定

6.1.1 应建立健全有效的质量保证体系，对施工各工序的质量进行检查评定，达到规定的质量标准，确保施工质量的稳定性。

6.1.2 应加强过程质量控制，实行动态质量管理，资料应按要求及时保存。

6.2 施工前检查

6.2.1 应检查各种材料的来源和质量，且应满足本规范第 3 章的技术要求。

6.2.2 应对材料的存放场地、防雨和排水措施进行确认。

6.2.3 应对拌和站、摊铺机、压路机等设备进行确认检查。

6.2.4 应编制开工报告，报告内容包括各种材料的试验结果、目标配合比设计和施工配合比设计结果。

6.3 施工过程检查

6.3.1 材料检查要求应符合表 6.3.1 的规定。

表 6.3.1 材料检查要求

项次	项目	内容	质量要求	频度	检查方法
1	材料	水泥质量	符合现行《通用硅酸盐水泥》（GB 175）的规定	每批次	现行《通用硅酸盐水泥》（GB 175）
		粗集料质量	符合本规范表 3.2.2 的规定	异常时，随时试验	现行《公路工程集料试验规程》（JTG 3432）
		细集料质量	符合本规范表 3.2.3 的规定		
		级配、规格	符合本规范表 3.2.1 的规定		

续表 6.3.1

项次	项目	内容	质量要求	频度	检查方法
2	混合料	最大干密度	-0.02 ~ +0.02g/cm³	拌和站，每个工作日	本规范附录 A
		最佳含水率	-0.3% ~ +1.0%		本规范附录 A
		水泥剂量[①]	-0.3% ~ +0.3%		本规范附录 B
		级配	符合本规范表 4.1.1 的规定		现行《公路工程集料试验规程》（JTG 3432）T 0302

注：①水泥稳定碎石拌和出料后应取样，10min 内送达工地试验室及时进行 EDTA 试验。

6.3.2 摊铺碾压过程检查要求应符合表 6.3.2 的规定。

表 6.3.2 摊铺碾压过程检查要求

项次	项目	内容	质量要求	频度	检查方法
1	摊铺	摊铺工艺	满足试验段确定的要求	随时	目测
		外观	无明显离析		
2	碾压	碾压工艺	满足试验段确定的要求	随时	目测
		外观	表面平整，无明显轮迹、离析，不得有裂缝		
3	作业时间	从开始拌和到碾压结束的时间间隔	不超过施工允许延迟时间	逐车检查	计时
4	厚度	松铺系数、松铺厚度	满足试验段确定的要求	随时	插入法
5	强度	现场取样成型试件，测试 7d 无侧限抗压强度	符合本规范表 4.1.2 的规定	每一作业段不少于 6 个试件	本规范附录 A，现行《公路工程无机结合料稳定材料试验规程》（JTG 3441）T 0805
6	压实度	压实度	符合本规范表 4.1.2 的规定	作业段大于 500m 时不少于 3 点，不大于 500m 时 3 点	现行《公路路基路面现场测试规程》（JTG 3450）T 0921
7	养生	养生方式、养生时间	符合本规范第 5.8 节的有关规定	随时	目测

6.3.3 外形尺寸检查要求应符合表 6.3.3 的规定。

表 6.3.3 外形尺寸检查要求

项次	检查项目		规定值或允许偏差				频度	检查方法
			高速公路、一级公路		二级公路			
			基层	底基层	基层	底基层		
1	纵断高程（mm）		+5，-10	+5，-15	+5，-15	+5，-20	二级公路每20m测1点；高速公路、一级公路每20m测1个断面，每个断面3~5点	现行《公路路基路面现场测试规程》（JTG 3450）T 0911
2	横坡度（%）		±0.3	±0.3	±0.5	±0.5	每100m测3处	
3	宽度（mm）		>0	>0	>0	>0	每40m测1处	
4	平整度（mm）		≤8	≤12	≤12	≤15	每200m测2处，每处连续10尺	现行《公路路基路面现场测试规程》（JTG 3450）T 0932
5	厚度（mm）	均值	≥-8	≥-10	≥-10	≥-12	每200m测1点	现行《公路路基路面现场测试规程》（JTG 3450）T 0912
		单个值	≥-10	≥-25	≥-20	≥-30		
6	芯样外观[①]		芯样完整，顶面、四周均匀致密				每200m取1个	目测

注：①气温20℃及以上时养生至7d取芯，气温低于20℃时养生至14d取芯。

6.4 质量检查

6.4.1 工程完工后，应对外形和质量进行检查，其要求除应符合现行《公路路面基层施工技术细则》（JTG/T F20）的有关规定外，尚应符合下列要求：

1 压实度检测应采用整层灌砂试验方法，灌砂深度应与现场摊铺厚度一致。

2 钻芯取样时，公称最大粒径为37.5mm的水泥稳定碎石基层芯样直径宜为150mm，公称最大粒径为53mm的水泥稳定碎石基层芯样直径宜为200mm。

附录 A 垂直振动试验方法

A.1 适用范围

A.1.1 本方法规定了水泥稳定碎石垂直振动试验的方法与步骤。

A.1.2 本方法适用于室内确定水泥稳定碎石最大干密度和最佳含水率。

A.1.3 本方法适用于成型直径为 200mm、高度为 200mm 的水泥稳定碎石试件。

A.2 仪器设备

A.2.1 垂直振动击实仪（图 A.2.1-1）除应符合现行《室内振动压实机》[JJG（交通）121] 的有关规定外，尚应符合下列要求：

1 工作频率为 32Hz±1Hz、静偏心力矩为 0.215kN·m±0.005kN·m（图 A.2.1-2）、上车质量为 120kg±1kg、下车质量为 180kg±1kg。

2 振动锤压头直径为 198mm±0.5mm。

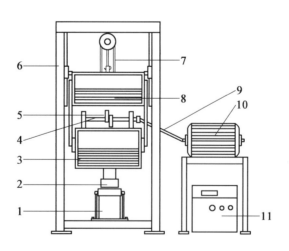

图 A.2.1-1 垂直振动击实仪结构

1-试模；2-压头；3-下车系统；4-振动轴；5-偏心块；6-机架；7-升降系统；8-上车系统；9-转动轴；10-电机；11-控制系统

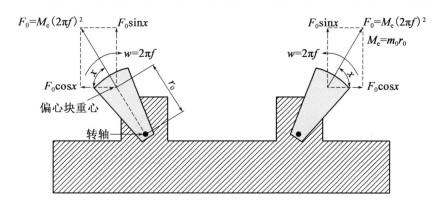

图 A.2.1-2 偏心块静偏心力矩

F_0-激振力；f-工作频率；M_e-偏心距；m_0-偏心块质量；r_0-偏心块重心至转轴的距离；w-偏心块角速度；x-F_0与水平分力的夹角

A.2.2 试模由高碳钢或工具钢制成，试模内径为 200mm±0.2mm、高为 260mm±0.3mm，垫块厚为 30mm±0.3mm、直径为 199mm±0.3mm，如图 A.2.2 所示。

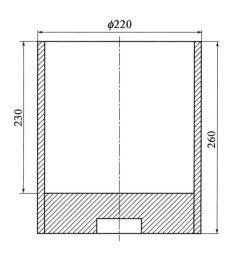

图 A.2.2 试模和垫块设计尺寸（尺寸单位：mm）

A.2.3 脱模器应能无破损地推出圆柱体试件，脱模器顶板孔径为 202mm±1mm。

A.2.4 其他仪器设备应符合现行《公路工程无机结合料稳定材料试验规程》（JTG 3441）的有关规定。

A.3 最大干密度和最佳含水率确定

A.3.1 试料准备工作应按以下步骤进行：

1 试验前，将各种规格集料置于烘箱中烘至恒重，烘箱温度为 105℃±5℃，时间为 4~6h。

2 将烘干后的各种规格集料按配合比要求的比例配制试料 5~6 份，每份试料质量 m_k 为 12000~13000g。

3 准备水泥 5~6 份，每份水泥质量为 $m_k \times P_s$，P_s 为预设水泥剂量。

A.3.2 按预定含水率制备试样。取水泥和烘干试料 1 份拌和均匀得到干混合料，加入质量为 $m_k \times (1+P_s) \times \omega_i$ 的水，拌和均匀后得到湿混合料 1 份。其中，ω_i 为第 i 次试验时加入干混合料中的拌和含水率，$i=1,2,3,4,\cdots$。一般地，ω_i 为 3%~6%。

A.3.3 将垫块置于试模内并使底部平整，在垫块上放置圆形滤纸。然后，将拌和均匀的湿混合料按四分法装入试模后沿试模壁插捣不少于 6 次，并记录装入的湿混合料质量 m_s。将试模固定在垂直振动击实仪底座上后，降下振动锤并使之与被压材料接触，设定振动频率应为 32Hz、振动时间应为 165s，进行振动击实。

A.3.4 振动击实结束后取出试模，用脱模器推出试样并称重，记为 m_{di}。用游标卡尺在十字对称的 4 个方向量测试样高度，取平均值作为试样高度 h_i。试样高度超出 160mm±5.0mm 时应作废，并应根据试样高度适当增加或减少 m_s，按本规范第 A.3.2 条~第 A.3.4 条的规定重新制备试样。

A.3.5 试样干密度应按式（A.3.5）计算：

$$\rho_{di} = \frac{m_{di}}{314h_i(1+0.01\omega_i)} \tag{A.3.5}$$

式中：ρ_{di}——第 i 次试验时试样干密度（g/cm³）；
m_{di}——第 i 次试验时试样质量（g）；
h_i——第 i 次试验时试样高度（cm）；
ω_i——第 i 次试验时试样含水率（%）。

A.3.6 试验得到 3~5 组有效数据后，以拌和含水率为横坐标、干密度为纵坐标，绘制干密度-含水率关系曲线，曲线峰值的横、纵坐标分别为最佳含水率 ω_0 和最大干密度 ρ_{dmax}。干密度应保留小数点后 3 位有效数字，含水率应保留小数点后 1 位有效数字。

A.3.7 应进行两次平行试验，两次试验最大干密度的差值不应超过 0.03g/cm³。

A.3.8 本试验应按表 A.3.8 的格式记录。

表 A.3.8 最大干密度和最佳含水率试验记录表

工程名称				混合料类型			
试验方法				试件尺寸			
水泥剂量				试验日期			
试验序号	1	2	3	4	5	6	
含水率 ω_i（%）							
加水量（g）							
装入的湿混合料质量 m_s（g）							
脱膜后试件质量 m_d（g）							
试件平均高度 h（cm）							
干密度 ρ_d（g/cm³）							

A.4 试件成型

A.4.1 从拌和厂或施工现场取的混合料应按四分法取用，称取每份湿混合料试样质量 $m_b = 6450\rho_s$，其中 ρ_s 为现场压实密度。

A.4.2 试验室试料准备工作应按以下步骤进行：

1 试验前，将各种规格集料置于烘箱中烘至恒重，烘箱温度为 105℃±5℃，时间为 4～6h。

2 按配合比要求称取单个试件的各种规格集料质量，单个试件质量 m_g 应按式（A.4.2）计算：

$$m_g = 6450 \times \rho_{dmax} \times K \qquad (A.4.2)$$

式中：m_g——单个试件的干燥质量（g）；

ρ_{dmax}——振动击实确定的最大干密度（g/cm³）；

K——试件要求的压实度。

3 称取单个试件水泥质量 $m_c = m_g \times P_s$。

4 称取单个试件需水质量 $m_w = m_g \times \omega_0 \times 0.01$，$\omega_0$ 为最佳含水率。

5 取单个试件的各规格集料和水泥拌和均匀，加入质量为 m_w 的水，拌和均匀得到质量为 m_b 的湿混合料。

A.4.3 将垫块置于试模内并使底部平整，在垫块上放置圆形滤纸。然后，将质量为 m_b 的湿混合料按四分法装入试模后，沿试模壁插捣不少于 6 次。

A.4.4 将试模固定在垂直振动击实仪底座上后，降下振动锤并使之与被压材料接触，开启振动击实。应设置振动频率为 32Hz、振动时间为 T。可根据振动时间（140s、

160s、180s）与试件高度的关系，确定试件高度200mm时所需振动时间 T。

A.4.5 振动结束后，取出试模，脱模后对试样称重，记为 m_j。用游标卡尺在十字对称的4个方向量测试样高度，取平均值作为试样高度 h。

A.4.6 检查试件的高度和质量，高度误差范围应控制在 -5 ~ +5mm 之间，试件的质量损失应不超过150g，不满足成型标准的试件应作废。

A.4.7 试件称量后应立即放在塑料袋中封闭，并用潮湿的毛巾覆盖，移放至养生室。

A.4.8 本试验应按表 A.4.8 的格式记录。

表 A.4.8 试件成型记录表

工程名称					混合料类型			
试件压实度					试件尺寸			
振动频率					振动时间			
最佳含水率					最大干密度			
水泥剂量					试验日期			
编号	高度（mm）				质量（g）		误差	试件有效性
	1	2	3	平均	m_b	m_j	高度（mm）	质量（g）	
1									
2									
3									
4									
5									
6									
7									
8									
9									
10									

附录 B 水泥剂量测定方法（EDTA 滴定法）

B.1 适用范围

B.1.1 本方法适用于水泥稳定碎石的 EDTA 标准曲线确定。

B.1.2 本方法适用于水泥稳定碎石水泥剂量的检测。

B.2 EDTA 标准曲线绘制

B.2.1 根据工地实际采用的水泥和碎石，按施工配合比确定的矿料级配和最佳含水率，水泥剂量为 0、2%、3%、4% 分别拌制水泥稳定碎石样品，每个样品质量约为 3500g。

B.2.2 将拌制好的不同水泥剂量水泥稳定碎石过 9.5mm 筛，取筛下部分混合料 500g 进行 EDTA 滴定试验。试验步骤应符合现行《公路工程无机结合料稳定材料试验规程》（JTG 3441）的有关规定。

B.2.3 同一水泥剂量平行试验 2 次，取平均值。

B.2.4 以 EDTA 标准溶液消耗量为纵坐标、水泥剂量为横坐标，绘制标准曲线。

B.3 水泥剂量检测

B.3.1 选取代表性的水泥稳定碎石，过 9.5mm 筛，取筛下部分混合料 500g 进行 EDTA 滴定试验。试验步骤应符合现行《公路工程无机结合料稳定材料试验规程》（JTG 3441）的有关规定。

B.3.2 根据 EDTA 滴定消耗量及标准曲线，确定混合料中的水泥剂量。平行试验 2 次，取平均值。

附录 C 施工容许延迟时间确定方法

C.1 适用范围

C.1.1 本方法适用于水泥稳定碎石施工容许延迟时间的确定。

C.2 不同温度水泥初凝时间测试

C.2.1 水泥标准稠度净浆试件的制备应符合现行《水泥标准稠度用水量、凝结时间、安定性检验方法》（GB/T 1346）的有关规定。

C.2.2 试件养生条件：温度分别为 15℃、20℃、25℃、30℃、35℃，相对湿度大于 90%。

C.2.3 不同温度的水泥初凝时间的测定应符合现行《水泥标准稠度用水量、凝结时间、安定性检验方法》（GB/T 1346）的有关规定。

C.3 温度-水泥初凝时间曲线绘制

C.3.1 以水泥初凝时间为纵坐标、温度为横坐标，绘制温度-水泥初凝时间曲线。

C.4 施工容许延迟时间确定

C.4.1 在温度-水泥初凝时间关系曲线上查取施工温度对应的初凝时间，作为该温度下的施工容许延迟时间。